W0366808

L'Oracle des Petits Magiciens

De la même auteure
Merci connard !, Éditions Contre-Dires, 2021.
L'Oracle de la flamme d'Ankaa, Le Courrier du Livre, 2021.
Good Quantic Box, Éditions Contre-Dires, 2021.
Good Karma Box, Éditions Contre-Dires, 2021.
L'Oracle des Medeores, Éditions Exergue, 2021.
L'Oracle d'Ankaa, Le Courrier du Livre, 2020.
Karma Bitch, Le Courrier du Livre, coll. « Dev Perso », 2019.

ISBN : 978-2-7029-1987-3

www.editions-tredaniel.com
info@guytredaniel.fr
www.facebook.com/editions.tredaniel
@le_courrier_du_livre

Stéphanie Abellan

Illustré par Noémie Tricoche

L'Oracle des Petits Magiciens

LE COURRIER DU LIVRE
27, rue des Grands Augustins
75006 Paris

SOMMAIRE

Quel *tour de magie* te libèrera ? 39

Quel *mantra* te transformera ? 65

Cher petit magicien,

Nous sommes très heureux de voir que tu tions entre tes mains ce magnifique oracle.

En effet, tu possèdes en toi de nombreux pouvoirs magiques, insoupçonnés, car masqués par des blocages qui t'empêchent d'être pleinement toi-même.

Grâce à ce coffret de 44 cartes, tu seras guidé vers l'épanouissement et tu recevras des clés de libération afin de cultiver ton bonheur et ton bien-être !

Cher grand mage,

Chaque petit magicien devra être chapeauté par un grand mage afin que les activités magiques soient correctement effectuées. Attention, seuls les petits magiciens de plus de 16 ans pourront utiliser cet oracle seuls. Nous vous invitons à ne pas laisser les jeunes enfants jouer sans surveillance !

Nous sommes également heureuses de vous annoncer que, vous aussi, grand mage, pourrez faire vos propres tirages, car cet oracle s'adresse à l'enfant intérieur de chacun. Derrière chaque grande personne se cache un enfant, parfois triste, parfois en colère, qui a besoin d'être entendu et apaisé. Si vous souhaitez utiliser les cartes personnellement, il vous suffira de suivre le même procédé que votre enfant.

Après avoir utilisé *L'Oracle d'Ankaa* et avoir opéré des changements positifs dans leurs vies, beaucoup de parents se sentaient impuissants de ne pouvoir faire de tirages adaptés à leur enfant. Voilà pourquoi, après des mois de travail, j'ai trouvé l'équilibre parfait entre une libération émotionnelle et énergétique des blocages de l'enfant, sans un travail trop profond sur les mémoires cellulaires de celui-ci. En effet, *L'Oracle d'Ankaa* travaillait sur des axes tels que les vies antérieures, les blocages de la lignée familiale, qui sont bien trop lourds à nettoyer si les enfants n'ont pas atteint une maturité émotionnelle suffisante.

L'Oracle des petits magiciens a été pensé pour aider l'enfant à lâcher prise sur les blocages énergétiques et émotionnels accumulés tout au long de sa vie - les premiers blocages surviennent au cours la période intra-utérine, car l'enfant commence à ressentir les peurs et les émotions à travers sa mère. Chaque chagrin, chaque peur, chaque élément bouleversant de sa toute petite vie aura laissé une empreinte émotionnelle dans sa mémoire cellulaire. Ces sentiments étant récents, un simple tirage de l'oracle permettra de libérer la plupart d'entre eux.

Composition de l'oracle

Cet oracle est divisé en trois catégories, afin d'aider l'enfant à conscientiser le cheminement de libération de son blocage.

PREMIÈRE CATÉGORIE
Le chapeau magique

QUEL OBJET SE TROUVE DANS LE CHAPEAU MAGIQUE ?

Dans cette catégorie, vous trouverez 16 cartes différentes. Chacune comporte un objet représentant une parade de protection que l'enfant utilise afin de cacher un blocage cellulaire. Par exemple, la carte de la danseuse étoile est illustrée par une main tenant un masque de *black swan*, symbolisant la timidité, le besoin de se cacher pour ne pas être vu. Cette carte signifie que l'enfant utilise cette parade de protection à chaque fois que le blocage de cette mémoire cellulaire est éveillé par les circonstances extérieures, comme une parole ou une situation qu'il peut vivre. Chacune des 16 cartes cible une attitude ou un comportement

que l'inconscient de l'enfant utilisera tel un bouclier pour se protéger.
Afin de commencer la libération, demandez à votre petit magicien de piocher en conscience une carte du premier tas et laissez-le découvrir l'objet et la parade de protection utilisée. Utilisez ce moment de partage pour lui demander ce qu'il pense de la carte piochée : est-ce que la carte et le message lui parlent ? Laissez-le s'exprimer sans l'interrompre afin qu'il puisse libérer par la parole ce qui l'entrave. Une fois ce petit moment d'échange terminé, demandez à votre enfant de piocher une carte du second tas.

DEUXIÈME CATÉGORIE

Le tour de magie

QUEL TOUR DE MAGIE ALLONS-NOUS UTILISER POUR FAIRE DISPARAÎTRE LE BLOCAGE ?

Maintenant que vous avez pioché la première carte, vous savez comment votre enfant se protège. Il va désormais effectuer le tour de magie lui permettant de se libérer. La seconde catégorie de cartes propose 14 techniques de libération. Il vous suffira d'en piocher une pour savoir quel exercice

de libération correspond parfaitement au nœud bloquant de votre enfant.
Par exemple, la carte du petit indien dansant autour du feu indique à votre enfant que, pour libérer la mémoire bloquante, il lui faudra danser. Cela lui permettra de libérer le trop-plein emmagasiné dans son corps émotionnel, dans son corps énergétique, mais également dans son corps physique. Certaines libérations seront plus axées sur l'écriture, d'autres sur la parole, d'autres sur la danse. Ainsi, vous piocherez toujours le bon exercice qui entrera en résonance avec votre énergie. Une fois l'exercice terminé vous pouvez piocher une carte de la troisième catégorie.

TROISIÈME CATÉGORIE
La transformation

EN QUEL SUPER-HÉROS VAIS-JE ME TRANSFORMER ?

Après avoir conscientisé la parade de protection et avoir libéré le résidu énergético-émotionnel de votre mémoire, il est important de remplir le vide laissé avec quelque chose de nouveau. Nous sommes des êtres

d'équilibre. Tout ce qui part est remplacé, à l'image de la vie.
Il est désormais temps de piocher une des 16 cartes de la troisième catégorie afin de trouver quel personnage va accompagner votre enfant dans sa transformation intérieure.

Pour chaque carte, un mantra ainsi qu'un personnage puissant ont été soigneusement étudiés et choisis pour guider votre enfant vers sa libération.
Par exemple, la carte du roi des éclairs est accompagnée du mantra suivant :
« Ma force réside dans ma capacité à AGIR. Comme le roi des éclairs, je pose mes intentions, je n'ai plus peur d'essayer et je mets en place les actions qui me feront grandir et être épanoui. »

Ce mantra servira de support à votre enfant au long des 72 h suivantes : gardez-le à proximité, laissez-le relire la carte plusieurs fois ou réécrivez-la ensemble sur un papier qu'il gardera sur lui.

Questions pratiques

À partir de quel âge peut-on utiliser *L'Oracle des petits magiciens* ?

Cet oracle peut être utilisé sans limite d'âge. Si vous l'utilisez pour des enfants encore petits, laissez-les piocher les cartes eux-mêmes et aidez-les à effectuer les exercices en vous reportant à l'encart « Pour les tout-petits » de la carte choisie. Ensuite, lisez-leur le mantra, tout simplement.

À quelle fréquence peut-on utiliser l'oracle ?

Je vous conseille de respecter un délai de 72 h entre chaque tirage afin que les résidus émotionnels et énergétiques en lien avec la mémoire bloquée aient le temps de remonter et d'être libérés. Cela peut se traduire par des émotions telles que la tristesse, la colère, la peur, la nostalgie ou, au contraire, par un excès de bien-être : énergie décuplée, exubérance, rire, joie... Aidez l'enfant à les accueillir, cela fait partie du processus de nettoyage.

Les tirages seront-ils efficaces si je suis adulte ?

L'Oracle des petits magiciens a été travaillé pour parler aux enfants. Lors de vos tirages, la part adulte en vous ne sera pas sensible au nettoyage, seul votre enfant intérieur sera capable d'agir et d'interagir. Je vous conseille de laisser de côté le mental associé à l'adulte, qui a tendance à analyser et à contrôler, et de profiter de cette parenthèse pour vous replonger dans l'insouciance qu'incarne votre enfant intérieur. Ce laps de temps dédié à son bien-être vous permettra de libérer le trop-plein émotionnel enfoui en vous. Le tirage aura d'autant plus d'effet sur vous si vous travaillez en parallèle de façon introspective, car l'enfant intérieur est un paramètre très important du processus de recherche de paix intérieure.

Peut-on prêter l'oracle à plusieurs enfants ?

Comme chaque oracle, l'idéal est d'avoir une utilisation personnelle des cartes afin de ne pas mélanger ses énergies avec celles d'autrui. L'enfant sera d'autant plus responsabilisé et habitué à travailler sur lui-même si cela devient un rituel qui lui appartient. Cependant, si vous ne pouvez en offrir un à chaque enfant, limitez les tirages au cercle familial des personnes vivant dans le foyer et purifiez régulièrement les cartes.

Quand utiliser l'oracle ?

Cet oracle peut être utilisé de façon ponctuelle afin de libérer sans attendre le trop-plein émotionnel de votre enfant, pour verbaliser et lâcher les mémoires bloquantes au fur et à mesure. Mais il peut également être utilisé si l'enfant subit des chocs émotionnels au cours de son enfance : harcèlement, deuil, abandon, violences subies, déception, etc.
Chaque fois que votre enfant n'a pas les ressources nécessaires pour faire face à une situation traumatisante, il créera une mémoire cellulaire bloquante. L'utilité de cet oracle est de nettoyer, petit à petit, ces résidus afin que l'enfant n'accumule pas ces casseroles tout au long de sa vie.

Comment purifier son oracle ?

L'oracle peut être purifié par fumigation à la sauge ou au palo santo. Passez les cartes une à une sous la fumée du bâtonnet. Prenez garde à ne pas le mettre en contact avec les braises. Ne laissez jamais les enfants purifier les cartes et veillez à les tenir hors de portée durant le processus.

Est-ce que l'enfant doit obligatoirement être présent ? Peut-on le faire à leur place ?

Comme dans tout acte énergétique, il faut avoir l'accord de l'enfant pour effectuer le tirage. Si votre enfant est petit et ne parle pas encore, tendez-lui les cartes et voyez s'il accepte de jouer le jeu. S'il refuse catégoriquement, n'insistez pas, il est important de respecter le libre arbitre de chacun. Faites un tirage pour vous-même car, parfois, les enfants ont peur de ce qu'ils ne connaissent pas. En vous voyant en situation, cela leur permet de ne plus avoir de craintes.

Quel objet
se cache dans
le Chapeau magique ?

1. **La boule de feu de l'Aigle**

La colère

Cette carte t'indique que tu utilises la colère pour masquer quelque chose qui t'a blessé ou peiné. Comme la boule de feu de l'Aigle, cette colère grandit en toi. Il est temps de la libérer !

2. La lampe torche du Fantôme

La peur

Cette carte t'indique que tu as utilisé la peur pour masquer un évènement traumatisant. Cette peur te laisse penser que tu es en sécurité, qu'en ayant peur et en étant sur tes gardes, tu seras protégé. Mais, à l'image de la lampe torche du Fantôme, il est temps de mettre ta peur en lumière pour la faire disparaître !

3. **Le mouchoir de l'Éléphant**

La tristesse

Cette carte t'indique que, comme le petit mouchoir de l'Éléphant, tu utilises la tristesse comme parade de protection afin de gérer ce qui te perturbe. Tu t'accroches à cette énergie pour oublier ce qui ne va pas. La tristesse est utile, car elle t'explique que quelque chose en toi te peine, mais, comme le petit Éléphant qui a désormais évacué sa peine, il est temps de la libérer.

4. La télécommande du Sportif

La fatigue

Cette carte t'indique que, comme le sportif qui court à vive allure sur son tapis, tu utilises la fatigue comme parade de protection. Essayes-tu d'épuiser ton corps physique pour oublier que quelque chose te dérange ? Essayes-tu de résoudre une fatigue psychique en remplissant ta tête d'informations ? S'épuiser ne sert à rien.
Prends la télécommande et libère-toi !

5. Le cadeau de la Petite fille

La déception

Cette carte t'indique que, à l'image de la Petite fille qui pensait avoir un plus gros cadeau que celui qu'elle a reçu, tu as été déçu par quelque chose ou par quelqu'un qui ne correspondait pas à ce qu'il disait être. Cette déception a laissé en toi une énergie de méfiance qu'il est grand temps de libérer !

6. **Le poids de l'Haltérophile**

L'impuissance

Cette carte t'indique que, comme l'Haltérophile, tu as pu ressentir un énorme et lourd sentiment d'impuissance à un moment où tu aurais aimé pouvoir t'affirmer davantage ou faire plus, mais où tu as été brimé. Il est temps de poser ce fardeau et de libérer cette énergie !

7. Le diadème de la Princesse

La comparaison

Cette carte indique que tu te dévalorises et que tu utilises comme parade de protection la comparaison. Comme la petite fille pauvre, tu penses être moins jolie que la Princesse, alors que tu es un être unique et merveilleux ! N'en doute jamais et libère cette mémoire !

8. Le bandeau du Karatéka

La douleur, la blessure

Cette carte t'indique que, comme le Karatéka qui brise la planche de sa main, c'est une mémoire en lien avec ton corps physique qui te bloque aujourd'hui. Cela peut être une chute, une blessure ou un coup reçu qui t'a impacté plus que tu ne l'aurais pensé. Il est important de libérer le corps des expériences négatives. Donnons-lui un coup de pouce !

9. **La balle du Jongleur**

La préoccupation

Cette carte indique que, comme le Jongleur, tu es très préoccupé en ce moment. Tu as du mal à apaiser tes pensées et tu penses à des choses désagréables qui peuvent faire chuter ton énergie. Il est grand temps de descendre de ton vélo, de poser tes balles et de te libérer de tout cela !

10. **La clef du Lion**

La solitude

Cette carte t'indique que, comme le Lion, tu te sens seul dans ta cage. Lorsque la mémoire qui te bloque est éveillée, tu as tendance à te replier sur toi-même et à t'isoler. Dans ces moments-là, tu te coupes des autres et tu gères ton mal-être seul. Il est important d'être entouré lorsque l'on va mal, alors libérons cette parade de protection !

11. Le masque de la Ballerine

La timidité

Cette carte indique que tu utilises la timidité comme parade de protection. Cela te permet de mettre un mur entre toi et les autres afin de te protéger. Mais cette protection est illusoire : à vouloir ne pas t'ouvrir aux autres, tu restes, comme la Ballerine, caché derrière un masque sans jamais être vraiment toi-même. Il est temps d'ôter celui-ci !

12. **Le maillot du Joueur de NBA**

Le rejet

Cette carte indique que, comme le Joueur de NBA n'ayant pas le même maillot que les autres membres de son équipe, tu as vécu un rejet qui t'a profondément marqué. Cela peut t'amener à avoir peur que cela se reproduise. Il est donc temps de libérer cette mémoire afin que tu comprennes que tu es apprécié et que les autres ont envie d'être à tes côtés.

13. **Le pendule de l'Hypnotiseur**

Le manque de confiance en soi

Cette carte t'indique que, tel le pendule de l'Hypnotiseur, tu peux facilement être influencé par les autres ou agir en fonction de ce qu'ils pensent, car tu manques de confiance en toi. Il est grand temps de te faire confiance et de croire en tes décisions ! Nous allons libérer cela !

14. **Le ciseau de la Princesse**

La culpabilité

Cette carte t'indique que ce qui te chagrine en ce moment est lié à une culpabilité que tu peux avoir en toi. Comme pour la Princesse des mille et une nuits, la culpabilité peut s'enrouler tout autour de toi jusqu'à devenir étouffante. Il est important de la libérer pour te sentir mieux !

15. **La mélodie du Pianiste**

Le stress, l'anxiété

Cette carte t'indique que, lorsque tu n'es pas bien, tu utilises la parade de protection du stress. À l'inverse de la note de musique qui vibre haut et élève tes énergies, le stress est une énergie qui les fait tomber très bas. Il est temps de jouer un morceau plus joyeux et de libérer cette mémoire !

16. L'allumette du boulet de canon

La frustration

À l'image du mime coincé dans un canon prêt à exploser, tu gardes en toi beaucoup de frustration que tu n'arrives pas à évacuer. Ces frustrations s'accumulent et, lorsque tu n'arrives pas à les satisfaire, cela peut énormément te contrarier. Il est temps de désamorcer la bombe qui sommeille en toi !

Le Cirque
Medeore

Quel Tour de magie te libérera ?

17. **Le parchemin de gratitude**

Bravo à toi, petit magicien ! Si tu as tiré cette carte, cela signifie que, tel le roi César, tu vas pouvoir écrire ton propre parchemin de gratitude !
La gratitude est un pouvoir magique extraordinaire car, en focalisant tes pensées dessus, tu pourras rehausser tes énergies à vitesse grand V ! Afin d'écrire ton parchemin de gratitude, il te suffira de te munir d'une feuille et d'un stylo.

Ensuite, tu te mettras dans la peau d'un roi ou d'une reine et tu écriras en haut de la page : « Parchemin de gratitude du roi/de la reine… », en inscrivant ton prénom à la place des pointillés.

Fais une liste de toutes les choses pour lesquelles tu éprouves de la gratitude : la présence de tes proches à tes côtés, une maison où tu te sens bien, un bon repas, ou encore ton jouet ou ton roman préféré ! Écris tout ce qui te vient en tête et, ensuite, relis en conscience ton parchemin. Réalises-tu à quel point tu es chanceux ? Reste ensuite dans cette énergie de reconnaissance. Tu peux même accrocher ton parchemin dans ta chambre ou dans une pièce de la maison avec l'accord de tes parents !

Pour les tout-petits

Si vous faites cet exercice avec un jeune enfant, écrivez plusieurs propositions pour lesquelles l'enfant pourrait être reconnaissant et faites-lui-en choisir trois. Ensuite, rédigez vous-même le parchemin à son nom et faites-le-lui signer tout en bas. La signature n'a pas besoin d'être parfaite, même un petit trait au feutre fera office d'accord.

18. **Le jeu du Joker**

Bravo à toi, petit magicien ! Si tu as tiré cette carte, cela signifie que tu vas pouvoir entrer dans la peau du Joker !

Le Joker est un personnage assez original, car il n'a peur ou honte de rien ni de personne ! Il se produit sur scène et exprime ses émotions et ses pensées de façon naturelle.

Pour faire cet exercice, tu vas devoir entrer dans la peau du mini Joker ! À toi de monter sur scène en pensant aux émotions ou aux choses que tu portes en toi qui te bloquent. Utilise la scène – en mimant, en sautant ou en changeant de voix. Tu peux exprimer tout ce que tu ressens tant que tu portes le masque du Joker, car tu joues un personnage qui te permettra de te délester de ce qui te pèse et de ce dont tu ne veux plus. Il n'y a aucune trame à suivre, tu peux dire ou faire tout ce que tu souhaites durant quelques minutes ! À toi de jouer !

Pour les tout-petits

Si vous faites cet exercice avec un tout-petit, montrez-lui comment exprimer ses émotions et mimez, chantez, imitez les personnages de votre choix. L'enfant, par mimétisme, aura tendance à faire pareil. S'il ne parle pas encore, utilisez l'alternative suivante : bougez les bras, tournez sur vous-même et dodelinez de la tête.

19. **La danse de la libération**

Bravo à toi, petit magicien ! Si tu as tiré cette carte, cela signifie que tu vas devenir un petit indien le temps de quelques minutes !

Ton blocage est ancré dans ton corps physique. Cela signifie qu'une boule d'énergie négative, due à des contrariétés ou à des émotions que tu n'as pas réussi à libérer par toi-même, est bloquée en toi. Ce petit exercice te permettra de libérer tout cela en conscience tout en rigolant !

Tu peux demander au parent qui t'accompagne de mettre une musique qui te plaît. Imagine que tu es autour d'un feu, comme le petit indien de la carte, et commence la danse de la libération.

Pour cela, tu peux inventer et créer tous les gestes et les mouvements de ton choix. Ne laisse pas ta tête décider, mais plutôt ton corps. S'il a envie de sauter, saute ! S'il a envie de faire la grenouille, fais la grenouille ! Laisse-toi porter par la musique et laisse ton corps s'amuser pendant toute la chanson !

Pour les tout-petits

Si vous faites cet exercice avec un jeune enfant, faites l'exercice avec lui. Mettez de la musique et invitez-le à danser ou faites-le danser en le portant dans vos bras.

20. **Le rugissement du Lion**

Bravo à toi petit magicien ! Si tu as tiré cette carte, cela signifie que tu vas entrer dans la peau du lion de la savane !

Parfois, nos blocages peuvent être situés à divers endroits de notre corps, notamment au niveau du chakra de la gorge, à cause de choses que nous n'arrivons pas à dire, ou de choses qui nous sont restées en travers de la gorge. Pour libérer ces blocages, imite le cri du lion !

Tu peux prendre la position de ton choix afin d'entrer dans le personnage. Ensuite, pense à tout ce qui est en toi et que tu aimerais voir sortir, et pousse un rugissement de lion, le plus fort et le long possible ! Tu peux pousser autant de cris que nécessaire, jusqu'à ce que tu aies l'impression d'avoir tout sorti !

Pour les tout-petits

Si vous faites cet exercice avec un jeune enfant, expliquez-lui que vous allez imiter le cri du lion pour libérer un blocage. Demandez-lui de vous imiter et laissez-le exprimer ce qu'il a à dire par la voix.

21. **Le caillou magique**

Bravo à toi, petit magicien ! Si tu as tiré cette carte, cela signifie que, comme la petite sirène, tu vas pouvoir remettre tes blocages à l'élément eau ! Si tu ne possèdes pas de point d'eau à proximité de chez toi, tu peux aussi livrer tes blocages à l'élément terre. Pour cela, tu vas devoir trouver un caillou qui te permettra de faire cet exercice. Le caillou doit être assez grand pour que tu puisses y inscrire un mot dessus.

Une fois que tu as trouvé ton caillou, tu vas devoir choisir un mot qui représente le blocage qui t'empêche d'être heureux aujourd'hui. Lorsque tu as trouvé ton mot, inscris-le sur le caillou et demande à un adulte de t'accompagner pour la suite. Attention, il t'est formellement interdit de faire cet exercice tout seul, petit magicien. Attends qu'un adulte soit présent à tes côtés pour l'effectuer.

Maintenant que tu as écris le mot magique sur le caillou, il va falloir le remettre à un des deux éléments : l'eau ou la terre. Pour cela, tu peux jeter ton caillou au loin dans un cours d'eau, dans la mer ou dans un étang, mais tu peux aussi l'enterrer dans un jardin. Lorsque tu auras déposé le caillou, tu auras laissé derrière toi tous les blocages qui y étaient associés.

Pour les tout-petits

Si vous faites cet exercice avec un jeune enfant, demandez-lui de représenter ce qui le bloque présentement et laissez-le dessiner sur le caillou ce qui lui vient. Aidez-le ensuite à jeter le caillou le plus loin possible dans un point d'eau ou à l'enterrer.

22. **Le Guerrier du feu**

Bravo à toi, petit magicien ! Si tu as tiré cette carte, cela signifie que, comme le guerrier de feu, tu as un grand pouvoir de guérison !

Chaque personne possède un pouvoir magique : le magnétisme. Ce don permet de soigner et d'équilibrer notre propre énergie, simplement par nos mains et notre pensée !

Pour faire cet exercice, je t'invite à poser la main de ton choix sur ton ventre, au niveau du plexus (autour du nombril), et de laisser la chaleur se propager. En même temps, pose l'intention de nettoyer les émotions ou les choses qui te bloquent. Au bout de quelques instants, tu verras que ta main commencera à chauffer ! Continue de magnétiser avec ta main, jusqu'à ce que tu sentes que tu n'en as plus besoin.

Pour les tout-petits

Si vous faites cet exercice avec un jeune enfant, expliquez-lui comment fonctionne l'exercice et invitez-le à se soigner. Vous pouvez lui montrer comment faire en le mimant sur vous.

23. **La visualisation**

Bravo à toi, petit magicien ! Si tu as tiré cette carte, cela signifie que tu vas entrer dans la peau du petit tibétain.

En effet, tu vas pouvoir, grâce au pouvoir de visualisation, libérer le blocage qui t'empêche d'être heureux.

Installe-toi confortablement au sol en position tailleur, sur un coussin ou sur un tapis. Ferme les yeux et choisis à quoi va ressembler la boule d'énergie négative dont tu veux te débarrasser : est-elle grosse ? Petite ? Noire ? En feu ? Tu es libre de la créer selon tes goûts !

Ensuite, tu vas pouvoir débuter la visualisation. Pour cela, matérialise cette boule dans la partie de ton corps de ton choix et, par le pouvoir de la pensée, décide comment tu vas la faire s'évader :

- Vas-tu la faire disparaître, comme si elle était composée de sable et qu'un vent fort la faisait s'envoler ?
- Vas-tu l'effacer à l'aide d'une gomme blanche ?
- Vas-tu couper aux ciseaux le lien qui la retient à toi ?
- Vas-tu l'attraper par la force et la sortir de ton corps ?

Tu as le droit de visualiser absolument tout ce qui te chantes, car c'est toi qui es aux commandes !

Pour les tout-petits

Si vous faites cet exercice avec un jeune enfant, facilitez-lui le travail et indiquez-lui où se trouve la boule, de quelle couleur elle est, ainsi que la technique pour la libérer. Soyez expressif et mimez la libération.

24. **Le bulletin météo**

Bravo à toi, petit magicien ! Si tu as tiré cette carte, cela signifie que, comme la petite fille de la carte, tu ne sais pas vraiment quel temps il fait à l'intérieur de toi. Nous allons donc faire ton propre bulletin météo ! Pour cela, tu devras prendre plusieurs feuilles de papier et des crayons de couleur.

Dessine, pour chaque question, la météo qui correspond à ce que tu ressens :

1. Quelle est ton humeur du jour ?
2. Comment te sens-tu à l'école ?
3. Comment te sens-tu au sein de ta famille ?
4. Comment te sens-tu avec tes amis ?

Pour chaque question, dessine au choix l'un de ces quatre éléments :

- Le soleil représente le bien-être absolu : tout va bien, tu es heureux.
- La pluie signifie que tu es triste, que quelque chose te peine.
- La foudre signifie que tu es en colère, que tu en veux à quelqu'un ou à quelque chose.
- La neige signifie que tu te sens seul et que tu aimerais être plus entouré.

Une fois que tu auras dessiné un bulletin météo pour chaque question, développe – avec l'adulte qui t'accompagne – la raison pour laquelle tu as choisi chaque élément.

Pour les tout-petits

Si vous faites cet exercice avec un jeune enfant, dessinez vous-même les quatre éléments, quatre fois : soleil, pluie, foudre et vent. Proposez ensuite, pour chaque question, les quatre dessins. Laissez l'enfant choisir intuitivement la météo de son choix. Il choisira spontanément celle qui résonne le plus avec son monde intérieur.

25. **La bouteille enchantée**

Bravo à toi, petit magicien ! Si tu as tiré cette carte, cela signifie que, comme le bateau et ses pirates, tu vas pouvoir libérer ce qui te bloque grâce à la bouteille enchantée !

Pour cela, demande à l'adulte qui t'accompagne de te fournir une bouteille en plastique vide.

À l'intérieur, glisse un morceau de papier sur lequel tu auras écrit la phrase suivante : « Toutes les émotions négatives qui me bloquent. » Enroule ensuite ce papier, de façon qu'il puisse entrer dans la bouteille. Puis remplis-la d'eau, referme le bouchon et dépose-la dans le lieu de ton choix pendant une nuit. Le lendemain matin, vide la bouteille en conscience en posant l'intention de laisser partir avec l'eau tout ce qui te bloquait.

Pour les tout-petits

Si vous faites cet exercice avec un jeune enfant, inscrivez pour lui la phrase sur le papier et aidez-le à l'insérer dans la bouteille. Aidez-le, le lendemain, à vider la bouteille d'eau.

26. **Le sprint du Coureur**

Bravo à toi, petit magicien ! Si tu as tiré cette carte, cela signifie que tu vas entrer dans la peau d'un sprinter !

Afin de libérer le trop-plein d'émotions et de blocages que tu possèdes en toi, tu vas devoir courir sur un parcours de 50 mètres, le plus vite possible. Tu devras faire deux allers-retours aussi vite que tu peux ! Avec cette petite course, tu permets à ton corps de relâcher les tensions et les énergies négatives qui étaient en toi. Amuse-toi à chronométrer combien de temps tu mets et à refaire cet exercice chaque fois que tu ne te sens pas au top de ta forme, et essaye d'améliorer ton temps !

Pour les tout-petits

Si vous faites cet exercice avec un jeune enfant, réduisez la course à un seul aller-retour, ou courez en le tenant dans vos bras. Veillez à bien lui expliquer le but de l'exercice auparavant, afin qu'il comprenne de façon subtile de quoi il s'agit.

27. **Le sac à dos du Randonneur**

Bravo à toi, petit magicien ! Si tu as tiré cette carte, cela signifie que, tel le Randonneur en montagne, tu portes en toi beaucoup de choses pesantes dont il est temps de s'alléger !

Pour cela, munis-toi d'un sac et de quelques jouets ou livres, jusqu'à ce qu'il commence à peser lourd. Accompagné d'un adulte, colle un papier sur chaque objet et inscris-y

toutes les choses que tu portes en toi et qui te pèsent. Par exemple, « Mon petit frère m'agace », « Je n'aime pas aller à l'école », « Je me sens stupide » ou encore « J'ai un camarade à l'école qui m'embête tous les jours ».
Ensuite, tu pourras enfiler ton sac et sentir à quel point tout cela pèse lourd sur tes épaules.

Un à un, tu vas pouvoir chercher, aidé de l'adulte qui t'accompagne, des solutions à chacun de tes problèmes. Chaque fois que tu as mis en place une solution pour t'aider à résoudre un problème ou à apaiser l'émotion en lien avec celui-ci, tu pourras retirer le jouet ou le livre portant le nom du problème de ton sac.
Une fois que le sac sera vide, tu pourras profiter et te sentir tout léger !

Pour les tout-petits

Cet exercice est difficilement transposable pour les jeunes enfants. Tirez une nouvelle carte pour faire un exercice plus adapté.

28. **Le papier magique**

Bravo à toi, petit magicien ! Si tu as tiré cette carte, cela signifie que, tel le vieux magicien, tu vas pouvoir utiliser le pouvoir du papier magique !

Cet exercice est très simple et rapide, mais il n'en reste pas moins un des plus efficaces !

Munis-toi d'une grande feuille de papier et inscris-y le problème qui te perturbe ou qui te rend triste. Si tu n'arrives pas à mettre des mots sur cela, note simplement en gros caractères « Mon plus gros blocage », sans le nommer.

Ensuite, pose l'intention de le libérer et déchire le papier en mille morceaux. Récupère chaque petit bout et jette-le à la poubelle. Et voilà ! Tu as accepté de libérer en conscience ton blocage !

Pour les tout-petits

Si vous faites cet exercice avec un jeune enfant, inscrivez à sa place « Mon plus gros blocage », puis expliquez-lui le but de l'exercice. Même s'il ne semble pas comprendre, ne vous inquiétez pas, les enfants comprennent énormément de choses sur un plan plus élevé. Demandez-lui de le déchirer et aidez-le à jeter le papier à la poubelle.

Quel *mantra*
te transformera ?

29. Le duo de Catcheurs

Le mantra de la confiance en soi

Si tu as pioché cette carte, petit magicien, cela signifie que le duo de Catcheurs t'a choisi pour te divulguer un puissant mantra !

À l'image des catcheurs qui montent sur le ring, combatifs et sans peur, ils te demandent de prendre confiance en toi et de t'affirmer, tel lors d'un numéro de catch !

Lis, relis et garde précieusement ce mantra à tes côtés pour recevoir leur aide :

« Ma force réside dans
ma capacité à ÊTRE CONFIANT.
Comme le duo de Catcheurs,
je crois en moi et en mes capacités,
je n'ai plus peur d'être moi-même
et je montre au monde la personne
forte et sûre d'elle que je suis. »

30. Le Héros intergalactique

Le mantra de la force

Si tu as pioché cette carte, petit magicien, cela signifie que le Héros intergalactique t'a choisi pour te divulguer un mantra puissant !

À l'image du héros de l'espace, qui est fort dans ses appuis et sûr de lui, tu n'as pas besoin d'en faire plus que nécessaire pour te sentir fort. Être fort signifie parfois être calme, en retrait. Rappelle-toi que ceux qui s'agitent le plus ne sont pas ceux qui en font le plus. Sois fort et fier, tu possèdes en toi de grandes qualités et tu n'as pas besoin de prouver aux autres qu'elles existent, car, au fond de toi-même, tu sais qui tu es.

Lis, relis et garde précieusement à tes côtés ce mantra pour recevoir son aide :

« Ma force réside dans
ma capacité à INTÉRIORISER.
Comme le Héros intergalactique,
je suis fort à l'intérieur de moi
et je n'ai pas besoin de le prouver.
Mon énergie est si puissante que
cela transparaît sans que je n'aie
rien à faire. »

31. La Princesse d'Ankaa

Le mantra de la valorisation

Si tu as pioché cette carte, petit magicien, cela signifie que la Princesse d'Ankaa t'a choisi pour te divulguer un mantra puissant !

À l'image de la Princesse qui tient un papillon dans les mains, tu es en pleine transformation. Certaines personnes peuvent encore voir en toi la petite chenille, mais tu es déjà une chrysalide !

Lis, relis et garde précieusement à tes côtés ce mantra pour recevoir son aide :

« Ma force réside dans
ma capacité à me sentir PARFAIT.
Comme la Princesse, je sais qui
je suis et d'où je viens. Je ne me
compare à personne, car je sais que
mon cheminement est unique
et a fait de moi ce que je suis. »

32. La Star de cinéma

Le mantra de l'amour de soi

Si tu as pioché cette carte, petit magicien, cela signifie que la Star de cinéma t'a choisi pour te divulguer un mantra puissant !

À l'image de la starlette qui pose devant les flashs des photographes, on te demande de t'aimer ! Pour être aimé des autres, il faut commencer par apprendre à s'aimer soi-même. La Star de cinéma l'a bien compris : elle se trouve belle, rigolote, intelligente, et elle est sûre d'elle !

Lis, relis et garde précieusement à tes côtés ce mantra pour recevoir son aide :

« Ma force réside dans ma capacité à M'AIMER. Comme la Star de cinéma, je décide de m'aimer et de m'accepter si fort que les autres n'auront pas d'autre choix que de faire de même. Je m'offre le plus beau cadeau au monde : du *self-love* et du *self-esteem*. »

33. **Le Lutin joyeux**

Le mantra de la sociabilisation

Si tu as pioché cette carte, petit magicien, cela signifie que le Lutin joyeux t'a choisi pour te divulguer un mantra puissant !

À l'image du Lutin qui joue et qui rit toute la journée, on te demande de t'ouvrir davantage aux autres afin qu'ils apprennent à véritablement te connaître. On te demande de nouer de vraies relations, sincères, avec des amis qui sauront être à tes côtés lorsque tu en auras besoin.

Lis, relis et garde précieusement à tes côtés ce mantra pour recevoir son aide :

« Ma force réside dans ma capacité
à M'OUVRIR. Comme le Lutin joyeux,
je cesse d'avoir peur de m'ouvrir
aux autres et j'apprends à
extérioriser ce que je ressens
afin que les autres apprennent
à connaître mon vrai moi. »

34. **La Fée Medeore**

Le mantra du bien-être

Si tu as pioché cette carte, petit magicien, cela signifie que la Fée Medeore t'a choisi pour te divulguer un mantra puissant !

À l'image de la Fée qui est légère et insouciante, on t'invite à lâcher prise sur les préoccupations qui s'entassent dans ta tête et qui peuvent te rendre triste ou maussade !

Elle t'offre la possibilité de délester ton esprit des choses qui n'ont plus d'utilité pour que tu te sentes mieux.

Lis, relis et garde précieusement a tes côtés ce mantra pour recevoir son aide :

« Ma force réside dans ma capacité à développer mon BIEN-ÊTRE. Comme la Fée Medeore, je décide d'être insouciant et de laisser les problèmes et les préoccupations de côté. La vie est faite pour être vécue de façon légère. J'oublie ce qui ne m'apporte rien. »

35. **L'Enchanteur**

Le mantra du pardon

Si tu as pioché cette carte, petit magicien, cela signifie que l'Enchanteur t'a choisi pour te divulguer un mantra puissant !

À l'image de l'Enchanteur qui prépare une potion magique pour libérer sa colère, tu vas pouvoir toi aussi faire disparaître la tienne en utilisant la magie du pardon ! En effet, la

colère ne peut jamais vaincre le pardon, car le pardon efface toutes les peines et toutes les rancœurs. Celui qui pardonne se libère de sa propre prison !

Lis, relis et garde précieusement à tes côtés ce mantra pour recevoir son aide :

« Ma force réside dans
ma capacité à PARDONNER.
Comme l'Enchanteur, je concocte
ma propre potion qui me libérera :
je pardonne à ceux qui m'ont fait du
mal, je me pardonne d'avoir parfois
été trop dur envers moi-même
et je me libère instantanément
de mes chaînes. »

36. **Le Chevalier**

Le mantra du courage

Si tu as pioché cette carte, petit magicien, cela signifie que le Chevalier t'a choisi pour te divulguer un mantra puissant !

À l'image du Chevalier, tu vas apprendre à affronter tes peurs et à les faire disparaître. Il ne peut y avoir deux forces puissantes dans la même pièce : la peur, qui est ombre, ou le courage, qui est lumière. L'ombre s'immisce et t'enveloppe. Tu as alors le sentiment d'être dans le noir et la peur a gagné. Mais rappelle-toi que, dès que la lumière entre dans une pièce, l'ombre disparaît !

Lis, relis et garde précieusement à tes côtés ce mantra pour recevoir leur aide :

« Ma force réside dans ma capacité à ÊTRE COURAGEUX. Comme le Chevalier, je décide d'affronter mes peurs et de ne pas laisser l'ombre gagner. Je cherche en moi la lumière et le courage, afin de braver ce qui se met en travers de mon chemin. »

37. Le Clown pastèque

Le mantra du rire

Si tu as pioché cette carte, petit magicien, cela signifie que le Clown pastèque t'a choisi pour te divulguer un mantra puissant !

À l'image du Clown qui s'amuse à jongler avec une pastèque, on t'invite à rire, mais à rire de choses qui viennent de toi. Le Clown ne veut pas faire comme les autres, il préfère jouer avec une pastèque, car lui trouve cela rigolo. Toi aussi, trouve tes propres sources de rire, développe-les, car l'humour est un des plus puissants tours de magie au monde, pour aller mieux mais aussi pour aider les autres à aller mieux !

Lis, relis et garde précieusement à tes côtés ce mantra pour recevoir son aide :

« Ma force réside dans ma capacité
à RIRE. Comme le Clown pastèque,
je décide de ne plus prendre au
sérieux les choses futiles
et je décide de rire le plus possible.
Je trouve ma source de joie et d'une
petite brindille je fais un énorme feu.
En riant, je rehausse mes énergies
le plus haut possible. »

38. **Le Fou heureux**

Le mantra de la joie

Si tu as pioché cette carte, petit magicien, cela signifie que le Fou heureux t'a choisi pour te divulguer un mantra puissant !

À l'image du Fou heureux, tu trouves que la vie est belle ! Il est dans son manège et il profite au maximum de la vie. Il ne fait pas attention à ce que les autres disent ou font, il s'amuse et il vit sa vie à 100 %, à toute vitesse, comme le grand huit dans lequel il est !

Lis, relis et garde précieusement à tes côtés ce mantra pour recevoir son aide :

« Ma force réside dans ma capacité à ÊTRE HEUREUX. Comme le Fou heureux, je décide de faire les choses qui me rendent heureux sans tenir compte de l'avis des autres. Je ris et je m'amuse, je profite de la vie. »

39. Le Roi des éclairs

Le mantra de l'action

Si tu as pioché cette carte, petit magicien, cela signifie que le Roi des éclairs t'a choisi pour te divulguer un mantra puissant !

À l'image du Roi des éclairs, on te demande de passer à l'action ! Il est temps de ne plus rêver et de ne plus avoir peur, mais de penser concrètement aux choses que tu aimerais mettre en place dans ta vie !

Lis, relis et garde précieusement à tes côtés ce mantra pour recevoir son aide :

« Ma force réside dans ma capacité à AGIR. Comme le Roi des éclairs, je pose mes intentions, je n'ai plus peur d'essayer et je mets en place les actions qui me feront grandir et être épanoui. »

40. Le Docteur Love

Le mantra de l'apaisement du cœur

Si tu as pioché cette carte, petit magicien, cela signifie que le Docteur Love t'a choisi pour te divulguer un mantra puissant !

À l'image du Docteur, tu dois apprendre à soigner ton petit cœur en souffrance. Peut-être as-tu été déçu, blessé, trahi ? Il est temps que tu t'autorises à soigner cette blessure afin de faire cicatriser ta plaie !

Lis, relis et garde précieusement à tes côtés ce mantra pour recevoir son aide :

« Ma force réside dans ma capacité à ME SOIGNER. Comme le Docteur Love, j'accorde du temps et de l'amour à mon petit cœur afin de lui donner la force nécessaire pour cicatriser. Tout le mal que l'on a pu me faire est derrière moi, car, désormais, je prends soin de moi. »

41. **Le Dresseur d'étoiles**

Le mantra de l'enchantement

Si tu as pioché cette carte, petit magicien, cela signifie que le Dresseur d'étoiles t'a choisi pour te divulguer un mantra puissant !

À l'image du Dresseur d'étoiles, on te demande de réussir là où les autres ne réussissent pas ! Bien des gens n'arrivent pas à s'émerveiller de la vie, de leur quotidien et sont de mauvaise humeur. Pas le Dresseur d'étoiles ! Lui seul arrive à faire danser les étoiles, car il porte dans son cœur tellement d'émerveillement qu'elles ne veulent danser et chanter qu'avec lui !

Lis, relis et garde précieusement à tes côtés ce mantra pour recevoir son aide :

« Ma force réside dans
ma capacité à M'ÉMERVEILLER.
Comme le Dresseur d'étoiles,
je vois le beau partout et je décide
d'aimer la vie et tout ce qu'elle
m'offre à chaque instant.
J'inspire ceux qui veulent aussi
danser et chanter la vie avec moi. »

42. **Le Présentateur télé**

Le mantra de la pensée positive

Si tu as pioché cette carte, petit magicien cela signifie que le Présentateur télé t'a choisi pour te divulguer un mantra puissant !

À l'image du Présentateur, tourne la roue de la pensée positive ! Décide aujourd'hui comment sera ta journée : heureuse ? Euphorique ? Douce ? Aimante ? Tu as le pouvoir de tourner la roue, encore et encore, et de choisir quelles énergies vont t'entourer !

Lis, relis et garde précieusement à tes côtés ce mantra pour recevoir son aide :

« Ma force réside dans ma capacité à PENSER POSITIF. Comme le Présentateur télé, je choisis chaque matin de quoi ma roue sera faite, ainsi, à chaque fois que je la tournerai, je serai gagnant. »

43. **Le Déesse yogi**

Le mantra du calme intérieur

Si tu as pioché cette carte, petit magicien, cela signifie que la Déesse yogi t'a choisi pour te divulguer un mantra puissant !

À l'image de la Déesse, tu possèdes en toi une destination incroyable, un lieu paisible ou rien ni personne ne peut t'atteindre. Ce petit paradis, c'est ton monde intérieur.

Tu peux y accéder quand tu le souhaites et autant de fois que tu en as envie. Pour cela, il suffit de fermer les yeux et de ressentir le calme intérieur qui se trouve en toi.

Lis, relis et garde précieusement à tes côtés ce mantra pour recevoir son aide :

« Ma force réside dans ma capacité à ÊTRE EN PAIX. Comme la Déesse yogi, je décide que rien autour de moi ne peut m'atteindre : mes émotions sont paisibles, mon corps est détendu et mon esprit est calme. Je suis en paix. »

44. Le Marchand de gratitude

Le mantra de gratitude

Si tu as pioché cette carte, petit magicien, cela signifie que le Marchand de gratitude t'a choisi pour te divulguer un mantra puissant !

À l'image du Marchand de gratitude, tu vas pouvoir te rendre compte que ta vie est en réalité remplie de choses pour lesquelles tu peux te sentir reconnaissant. Le marchand te divulgue un secret extraordinaire : la gratitude est magique et, chaque fois que tu en disperses autour de toi, il en tombe encore plus ! Plus tu la cultiveras et plus tu recevras de choses positives dans ta vie !

Lis, relis et garde précieusement à tes côtés ce mantra pour recevoir son aide :

« Ma force réside dans ma capacité à ÊTRE RECONNAISSANT. Comme le Marchand de gratitude, je disperse ma gratitude et je suis reconnaissant d'avoir autant de chance d'être là où je suis et de posséder tout ce que j'ai. Dans mon cœur, la joie se fait ressentir à l'idée de penser à la chance que j'ai. »

À propos de l'*auteure*

Stéphanie Abellan s'est toujours intéressée à la spiritualité et au développement personnel. Tout son travail de thérapeute depuis dix ans est ainsi axé sur la libération et le nettoyage de la mémoire cellulaire. Créatrice des bijoux Medeores, elle propose ainsi ses soins et de nombreux outils thérapeutiques de développement personnel sur son site : www.lesmedeoresdankaa.fr

Elle est aussi l'auteure du célèbre guide d'éveil *Karma Bitch*, de *L'Oracle d'Ankaa* et de *L'Oracle de la flamme d'Ankaa*, parus chez le même éditeur, et de *L'Oracle des Medeores*, paru en 2021 aux éditions Exergue.

Retrouvez Stéphanie Abellan sur :
@lesmedeoresdankaa
Les medeores d'Ankaa

À propos de l'*illustratrice*

Jeune illustratrice passionnée et inspirée, **Noémie Tricoche** réalise de nombreux projets lumineux et colorés, tant en digital painting qu'en dessin traditionnel.
Elle collabore graphiquement pour la deuxième fois avec Stéphanie Abellan, après le magnifique *Oracle des Medeores* (éditions Exergue, 2021).

Retrouvez Noémie Tricoche sur :
@ponkino_art
ponkino.wixsite.com/ponkinoportefolio

Pour continuer la libération de la mémoire cellulaire et le travail sur soi